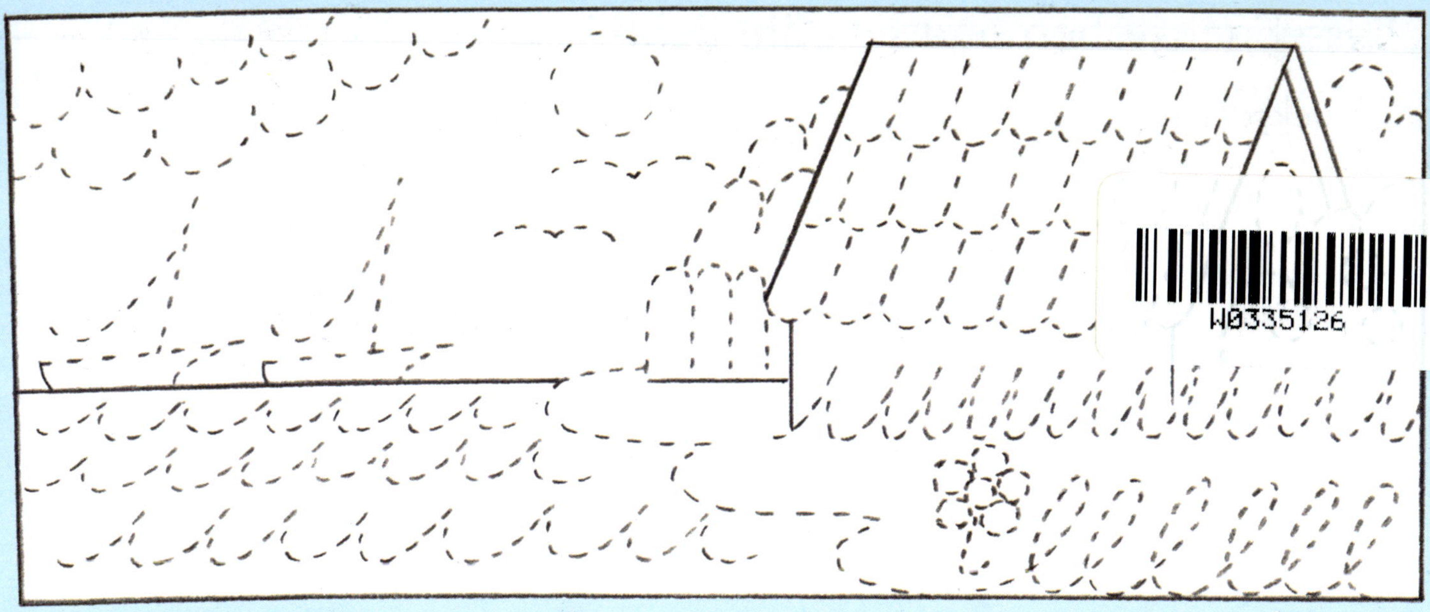

Übe auch:

- an der Tafel
- auf dem Rücken eines anderen Kindes
- auf einem großen Blatt Papier

Diese Buchstaben sind sich ähnlich:

in Druckschrift

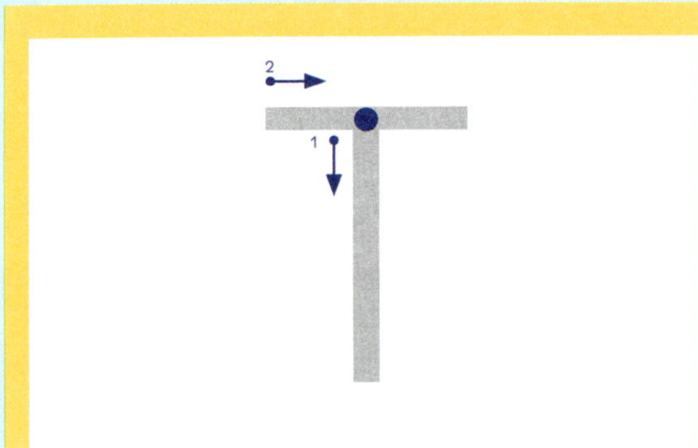

in Schreibschrift

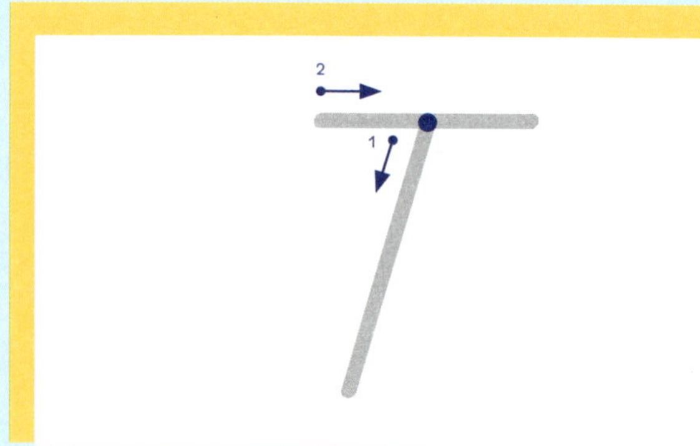

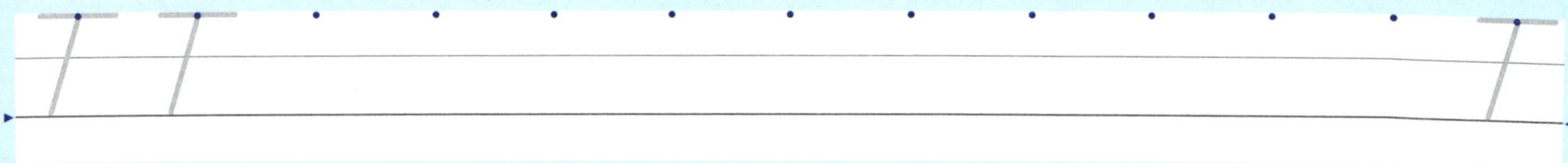

in Druckschrift

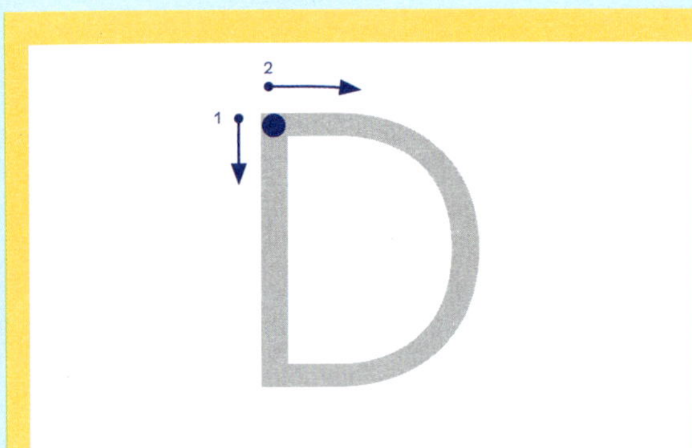

in Schreibschrift

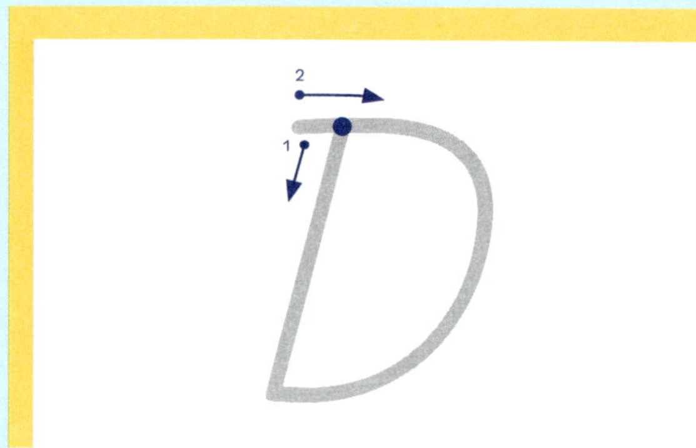

in Druckschrift

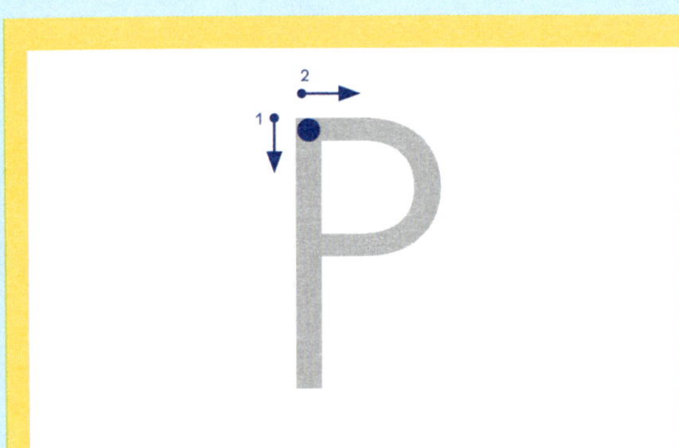

in Schreibschrift

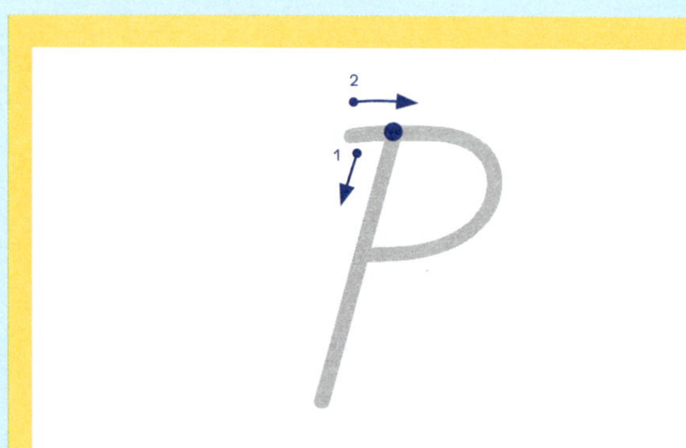

in Druckschrift

in Schreibschrift

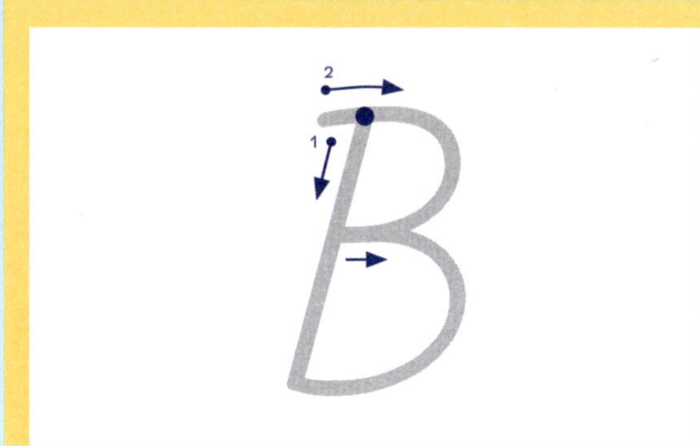

in Druckschrift

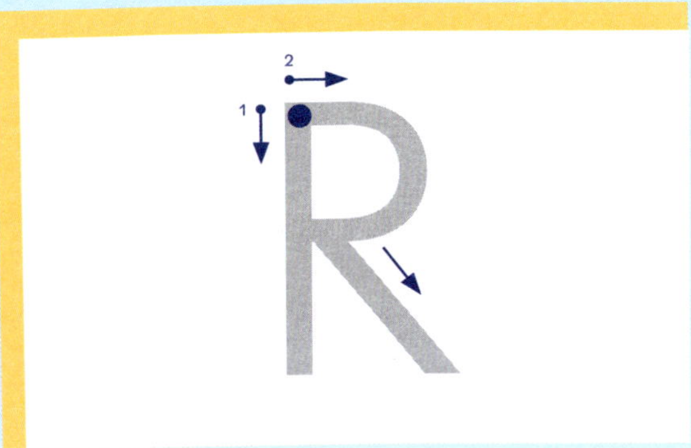

in Schreibschrift

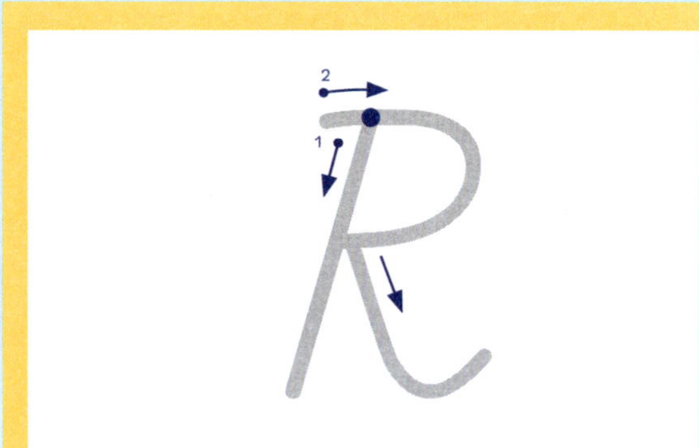

in Druckschrift

in Schreibschrift

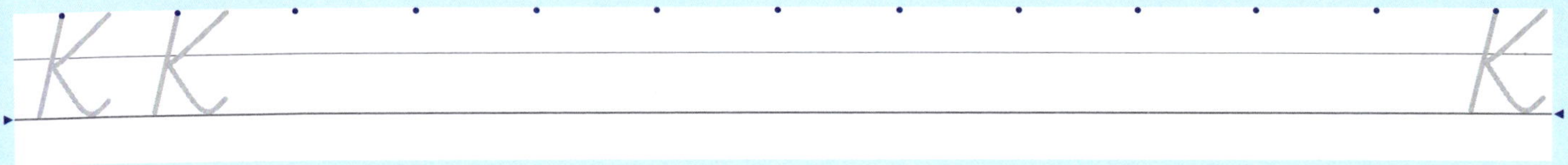

i u

i i i

u u u

i i i

u u u

Ti Ti

Tu Tu

Di Di

Du Du

Pi Pi

Pu Pu

Bi Bi

Bu Bu

Ri Ri

Ru Ru

Ki Ki

Ku Ku

Was hörst du?

Tu oder Ti? Du oder Di? Pu oder Pi?

Tu

Bi oder Bu? Ki oder Ku? Ri oder Ru?

    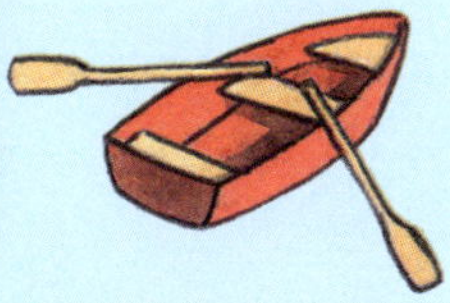 

Kannst du das schon lesen?
Setze ein. Bi • i • u

ein ___ ld m _ s

einer Bl _ me

n m

n n n

m m m m

n n

m m

ni ni

mi mi

nu nu

mu mu

un un

um um

nun nun

im im

in in

Sonne Sonne Sonne Sonne

Sommer Sommer Sommer

Tim Tim

Tini Tini

Kim Kim

im im

um um

in in

um um

Kannst du das schon lesen? Setze ein.

i • m • u • m • n

T m und Ma a

sind n n i Ki o.

a d o

c a d o

a a

d d

o o

an an am am

man man

da da

dann dann

und und

on on om om

Tom Tom

Tom Tom

Puma Puma

Romi Romi

Domino Domino

Baum Baum

Rad Rad

Kind Kind

Dino Dino

Finde 10 Wörter.

Tamm Kimm Kamm dann
damm dinn dimm do Raum
Rim Pimo Baum Radio
Kond Kind Kono om
Dam Doma Kino Tin Bou Dino
Duno Kinn Domino

Kamm,

i	u	n	m	a	d	o
i						

um *um* *um*

im

am

in

Dino	○	*Puma* *Puma*
Puma	○	*Dino* *Dino*
Baum	○	*Rad* *Rad*
Radio	○	*Radio* *Radio*
Rad	○	*Baum* *Baum*
Ton	○	*Domino* *Domino*
Domino	○	*Ton* *Ton*

Tim und Tini

Tim

Tim und Romi

Ron und Toni

Tim und Kim

Tim und Tini sind im Kanu.

sind .

Ron und Toni sind am Kamin.

sind .

Romi spielt Domino.

spielt .

Kim ist im Kino.

ist .

r r r

r rr

r r

ra ra

ru ru

or or

rn rn rm rm

dir dir

mir mir

nur nur

rund rund

arm arm

Turm Turm

Korn Korn

daran daran

darum darum

Prima! Prima!

Tür Tür

Traum Traum

Kran Kran

Raum Raum

Dorn Dorn

Turm Turm

Was ist gemeint? Setze ein. Traum • Turm • Tür

In meinem ______

ist ein ______ mit

einer roten ______.

A N M

A N M

A . . . . A

N . . . . N

M . . . . . . M

Am Am

Amon Amon

Ar Ar

Arm Arm

Nina Nina

Mo Mo

Mama Mama

Mia Mia

Mimi Mimi

Nino Nino

Mond Mond

Mann Mann

Arm Arm

Amon Amon

Mai Mai

Finde 8 Wörter.

Rinn Binn Nina Umo
Mamo Mami Mond
Mumo Nu Nomi Mund
Mi Rimd Murd Bom Boi Arm
Anna Mimi Rimo Mo

Nina,

e l b

e l b

e l b

e e

l l

b b

be be

bl bl

ba ba

der der

die die

Nebel Nebel

Kleid Kleid

alle alle

lieb lieb

leben leben

braun braun

bauen bauen

Blume | ~~Bein~~ | Biene

Kalender | Name | Palme | Bruder | Birne

ein	eine
ein Bein	eine

Alle malen ein Bild.

Mia und Amon malen blaue Blumen.

Bei Nele baden drei Pudel im Pool.

f h k

f f h k

f f

h k h k

elf elf

fein fein

fünf fünf

hell hell

ohne ohne

mehr mehr

können können

denken denken

kaufen kaufen

ich fahre – alle fahren

ich helfe –

ich klebe –

ich falle –

ich höre –

ich danke –

drei kleine Affen

eine hohe Kiefer

ein Telefon

laufen und rennen | fallen | lernen

Nina und Mia ____________ einen Reim.

Birnen ____________ auf den Boden.

Die Kinder ____________________.

r A N M e l b f h k

r

Finde die fehlenden Buchstaben.

 M u nd — ein Mund

 ffe — ein

 Brie

 leid

 eine Biene

 ein P

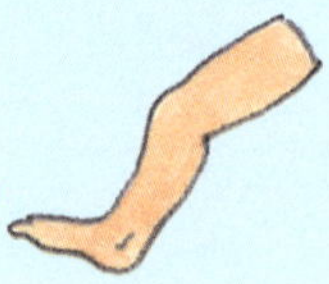

Finde 10 kleine Wörter. Schreibe in Schreibschrift.

eihrmanuhierfilli
feinbimehro
huihmaihnhuallebei
bimaufuhumbobualof

ihr,

Übe in deinem Wörterblock den gelben Abschnitt!

Trage ein: Ball · Roller · Brille · Teller

ein / eine	mein / meine	dein / deine
ein Ball	mein Ball	dein Ball

Die Blumen blühen.

Alle rufen meinen Namen.

Alle laufen hin und her.

Amon und Tim bauen ein Tor.
Dann holen beide einen Ball.

C c

ch ck

C C

c c

ch ch

ck ck

ich ich

mich mich

dich dich

doch doch

durch durch

dick dick

Trick Trick

Rock Rock

rechnen rechnen

Creme Creme

ich	alle
ich mache	alle machen
ich l	alle
ich krieche	
ich r	

Beschrifte.

Bein

Bauch

Rücken

Arm

Nacken

Bauchnabel

Po

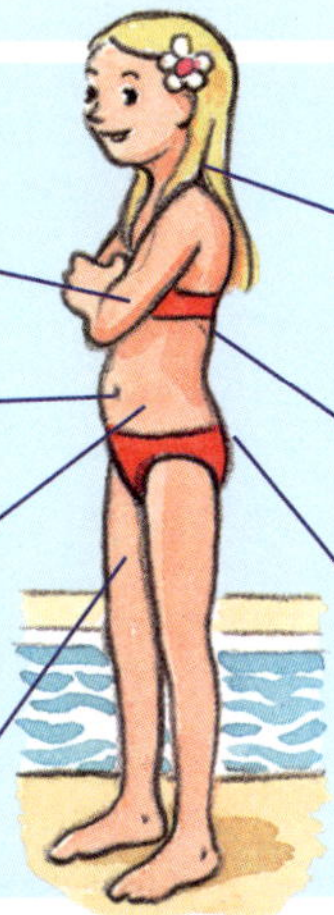

Nina und Mama kaufen einen Comic

und einen Roman.

Am Abend haben beide Ruhe

für ihre neuen Bücher.

s ß

s ss sch

ſ ß

s s

ss ss

sch sch

ß ß

es es

sie sie

leise leise

müssen müssen

essen essen

schnell schnell

Tasche Tasche

Kloß Kloß

bloß bloß

~~Busch~~ • Klasse • Nase • Tee • Tier • Buch

der	die	das
der Busch		

Setze passend ein: blaue • ~~schreckliche~~ • schnelle

der schreckliche Drache

die kleine, ______ Maus

das ______ Käferchen

Nina und Mama lesen Märchen.

Nun kann sie schön schlafen.

p

pp sp pf

p p pp pp

sp sp

Ampel Ampel

Papier Papier

Raupe Raupe

April April

Apfel Apfel

Kopf Kopf

Puppe Puppe

sparen sparen

spielen spielen

spucken spucken

packen • spielen • pfeifen

ich	alle
ich packe	alle

das Tier aus Papier

der Topf auf dem Kopf

die Klappe aus Pappe

Tim und Nele sparen. Bald können sie sich ein spannendes Denkspiel kaufen.

t

t st

t . . . . t

st . . . . st

st . . . . st

mit

alt

heute

Tante

Kälte

Mutter

Butter

bitten

stehen

stellen

Drei Kinder turnen.

Drei Kinder trinken.

Mimi turnt und trinkt mit.

Beschrifte.

Die Kastanie

ein Ast

eine Blüte

eine Knospe

ein Blatt

Der Baum hat neun Äste. Daran sind acht rote Blüten und eine kleine Knospe.

C	c	ch	ck	s	ss	sch	ß
C	*c*						

Was kommt heraus?

 R ck — *Das ist ein*

 Bu — *Das ist ein*

 Ko — *Das*

 Pu e

 *eine Blüte*

Finde 11 Wörter.

a	s	m	u	s	s
a	l	l	e	o	i
m	i	t	m	n	e
d	i	c	k	o	b
i	n	u	h	u	e
e	s	c	h	ö	n

alt,

Lösung: alt, muss, sieben, die, sie, mit, dick, ich, in, schön, alle

p	pp	sp	pf	t	tt	st
p						

Ordne die Wörter ein: Kappe • müssen • bitten • essen • Blatt • Mutter • Puppe • Klasse • Mappe

ss	tt	pp
essen		

Was passt? schnell • lecker • kalt

Das Auto ist …

Das

Das Brot ist …

Die Nacht ist …

S

S Sch
Sp St

S S
Sch Sch
Sp Sp
St St

Saft Saft
Seife Seife
Sonne Sonne
Schule Schule
Schere Schere
Sport Sport
Spaß Spaß
Stunde Stunde
Stift Stift
Strauch Strauch

Sp, St oder Sch?

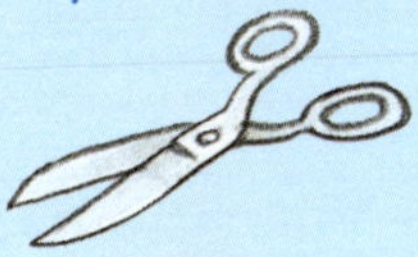 die [redacted]ere

 der [redacted]ern

 das [redacted]iel

 der [redacted]nee

Löse die Rätsel.

der Sommer | eine Minute | der April

Da scheint die Sonne hell und heiß.

Da scheint die Sonne
hell und heiß.

Das ist

Der 4. Monat heißt so.

Das ist

Darin stecken 60 Sekunden.

E

Ei Eu

E E

Ei Ei

Eu Eu

Ente Ente

Ende Ende

Eltern Eltern

Erde Erde

Eis Eis

Eisen Eisen

Eimer Eimer

Eule Eule

Euro Euro

Ordne die Wörter ein.

~~Esel~~ Euro Ei Eiche

Eimer Eule Eis Ente Ende

der	die	das
der Esel		

Meine Familie

Das sind Emil und ich.
Emil ist mein Bruder.

Das sind Mama und Papa.
Sie sind meine Eltern.

L Z

L L

Z Z

L

Z

Licht Licht

Leute Leute

Lineal Lineal

Leiter Leiter

Zeit Zeit

Zahl Zahl

Zahn Zahn

Zehe Zehe

Zimmer Zimmer

Zucker Zucker

eine	mehrere
eine Laterne	drei Laternen
eine Leine	drei
eine Lippe	
eine Zahl	

Achtung!

ein Zahn	

Zahlensalat. Finde 10 Zahlen.

e	i	n	s	a	f	o
l	l	o	e	d	u	h
n	m	f	c	d	f	u
i	e	n	h	r	ü	n
t	a	u	s	e	n	d
o	p	b	n	i	f	e
s	i	e	b	e	n	r
b	l	f	a	c	h	t

eins,

Laterne, Laterne,
Sonne, Mond und Sterne …

Lösung: eins, drei, fünf, sechs, sieben, acht, neun, elf, hundert, tausend

Z

z

lz ßz rz

z z

lz lz

ßz ßz

rz rz

zu zu

zur zur zum zum

zehn zehn

Salz Salz

Satz Satz

Platz Platz

pflanzen pflanzen

zählen zählen

Katze ~~Pflanze~~ Mütze März

Netz Schmerz Tanz Platz

Wörter mit z	Wörter mit tz
die Pflanze	

Ein Zirkus ist da!
Bunte Leute, fremde Tiere und schöne Tänzer führen Tolles auf. Lasst uns die Karten bezahlen und zusehen!

S	Sp	St	Sch	E
S	*Sp*			

Eu_e

Das ist eine …

Das

En_e

Das ist eine …

Sei_e

Das ist …

Stei_

Das ist …

Sport | ~~*Sonne*~~ | *spielen* | *hüpfen* | *Limo* | *Spaß*

Die *Sonne* *scheint heute sehr heiß.*

Da können alle draußen ______ *machen:*

Rennen, ______ *und Ball* ______ *.*

Das macht ______ *! Und danach trinken alle*

noch ______ *.*

L	Z	z	lz	tz	rz

Würfle zwei Sätze. Schreibe in Schreibschrift.

⚀	Die Lehrerin möchte	⚀	ein Spiel	⚀	spielen.
⚁	Emil möchte	⚁	ein Eis	⚁	essen.
⚂	Sarah möchte	⚂	einen Stift	⚂	anspitzen.
⚃	Stefan möchte	⚃	eine Schere	⚃	schärfen.
⚄	Der Zahnarzt möchte	⚄	einen Zahn	⚄	ziehen.
⚅	Laura möchte	⚅	eine Leiter	⚅	hochklettern.

Geheimschrift

1	2	3	4	5	6	7	8	9	10
E	l	t	ch	s	i	N	e	n	.

1|5|8|2	8|5|5|8|9	7|8|5|5|8|2|9	9|6|4|3
Esel			
7|8|5|5|8|2|9	8|5|5|8|9	1|5|8|2	9|6|4|3|10

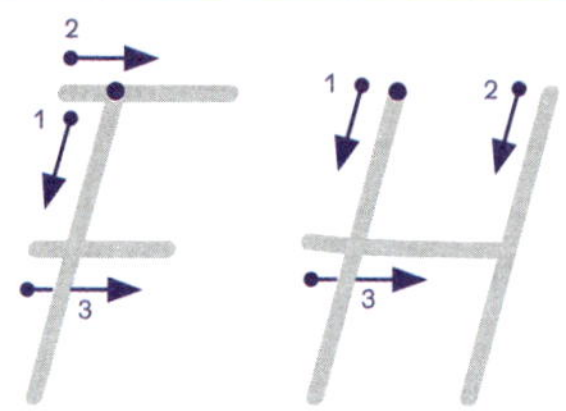

F

H

F F

H H

Fa Fa

Fr Fr

Fe Fe

Fl Fl

Hi Hi

Hu Hu

Ho Ho

He He

Familie Familie

Frau Frau

Feld Feld

Flasche Flasche

Hilfe Hilfe

Hose Hose

Herr Herr

Hokuspokus, klein soll es sein!

die Hand — das Händchen

der Hase — das

die Hose — das

der Hund — das

Beschrifte.

das Haus

das Fenster

die Hecke

der Hund

der Hof

die Hütte

Eine Flaschenpost

Hilfe! Seit Februar bin ich schon hier. Nun kommt der Herbst. Holt mich nach Hause!

Paul

U V W

u v w

u u

v v

w w

Uhr Uhr

Ufo Ufo

Vater Vater

Vase Vase

Wind Wind

Wort Wort

Wiese Wiese

Woche Woche

Wetter Wetter

Wasser Wasser

Abrakadabra: Die Welt wird klein,
so find ich's fein!

der Wald — das Wäldchen

das Wort — das

der Wurm — das

die Wurst — das

Setze ein: aufpassen, viele, Winter, Verkehr, Unfällen

V ______ Autos fahren im ______ zu schnell. Manchmal kommt es zu ______. Bei Schnee musst du im ______ besonders ______!

Weihnachten schmücken alle den Baum.

v w

v

w

v v

w w

von von vom vom

vier vier

viel viel

wir wir

war war

werden es wird

wollen er will

wünschen wünschen

zwölf zwölf

zwei zwei

schwarz schwarz

vor – malen / schwimmen / schreiben

vormalen.

ver- – missen / suchen / lieren

vermissen

Was möchtest du von deinem Partner wissen?
Schreibe Fragen auf und sprecht darüber.

Wen	wohnst	
Was	liebst	
Warum	lachst	du?
Wo	weinst	
	willst	

X x

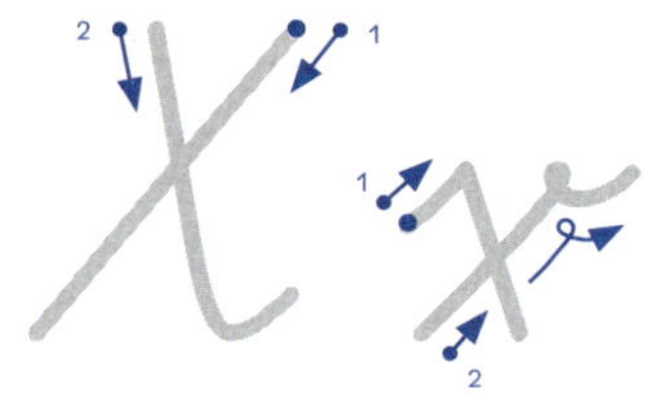

X
x
xi xe
Taxi
Hexe
extra
Mixer
Boxer
Nixe
Text
fix
Xaver

mixt

taucht

fährt

Der Mixer …

Der Mixer

Das Taxi …

Die Nixe …

Finde die richtigen Sätze.

im Meer herum. | ziehen

~~Die Boxer~~ | schwimmen | Die Hexen | die Boxhandschuhe an.

Die Nixen | um den Hexenkessel. | tanzen

Die Boxer

F	H	U	V	W
F				

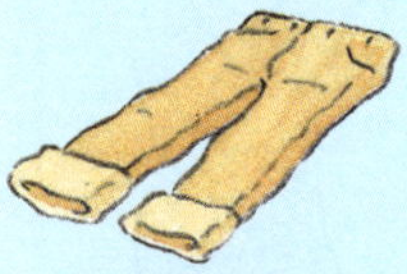

▢ose — *Das ist eine*

U▢o

Va▢e

Ordne die Wörter ein. ~~*Fuß*~~ • *Hund* • *Foto* • *Taxi* • *Uhr* • *Wolf* • *Wiese* • *Wasser* • *Hecke*

der	die	das
der Fuß		

Finde 10 kleine Wörter.

wo,

v w X x

Schreibe in Schreibschrift.

Max wachst Wachsmasken.

Max

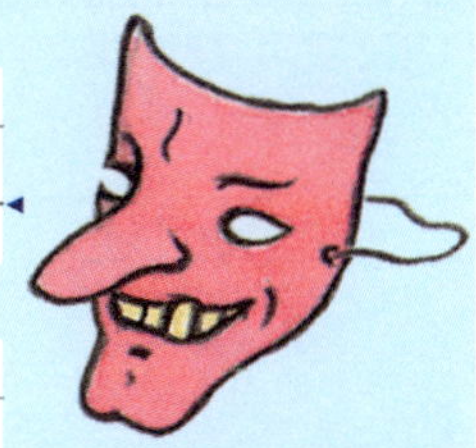

Was wachst Max?

Wachsmasken wachst Max.

Kannst du das schnell sprechen?

Schreibe die Sätze in Schreibschrift auf.

Fritzi
Hanna
Wolfi

fährt immer Fahrrad.
bekommt viele Bonbons.
wäscht oft das Auto.

O G g

O C G o g

O O G G

g g

Ohr Ohr

Gras Gras

Geld Geld

Tag Tag

gut gut

grün grün

gelb gelb

gegen gegen

Regen Regen

Vogel Vogel

Beuge die Verben. Trage sie in die Tabelle ein.

fragen • fliegen • bringen • sagen

ich	du	er oder sie
ich frage	du fragst	er fragt

Fülle den Stundenplan aus. *Die • Mi • Mo • Do • Fr*

1.					
2.					
3.					
4.					
5.					
6.					
7.					

Welchen Tag magst du am liebsten?

Mein Lieblingstag ist

J J j

J J j

J J J J

j j ja ja

jede jede jeder jeder

jetzt jetzt

jedoch jedoch

Junge Junge

Jahr Jahr

Januar Januar

Juni Juni

Juli Juli

Igel Igel

Insel Insel

Das Jahr

Setze die Wörter ein. *Januar • Oktober • Frühling • Juni • Mai • Herbst • Sommer • Februar • ~~vier~~ August • Winter • zwölf • Dezember • November*

Das Jahr hat vier Jahreszeiten.

1. ______ 2. ______ 3. ______ 4. ______

Das Jahr hat ______ Monate:

1. Monat ______ 2. Monat ______

5. Monat ______ 6. Monat ______

8. Monat ______ 10. Monat ______

11. Monat ______ 12. Monat ______

Welche Monate fehlen noch?

März, April, J , S

Was passt zu welcher Jahreszeit?

Gartenfest • Erntefest • Weihnachten • Ostern

Y y

Y
y

Y Y
y y
Yak Yak
Baby Baby
Teddy Teddy

Qu qu

Q Qu
q qu

Qu Qu
qu qu
Qualle Qualle
quaken quaken
quer quer

alles geschafft!

Bilde 3 Sätze und schreibe sie auf.

Das Pony	telefoniert	gerne Quark.
Der Mann	frisst	saftiges Gras.
Ich	esse	mit dem Handy.

Gestern saß mitten auf dem Weg ein großer, kranker Vogel. Sein Flügel hing herab. Der Vogel quietschte. Soll ich ihn gesund pflegen?

O G g l J j

O G

der

Schreibe die Sätze in Schreibschrift.

Die Woche	singt laut ein Lied.
Der Junge	hat sieben Tage.
Meine Oma	geht spazieren.

Zwei quietschnasse Quabbelquallen quasseln Quatsch.

Zwei

Y y Qu qu

Y

Trage richtig ein: *Schwester • Großmutter • Onkel • Mädchen*

Tante und | *Großvater und*

Bruder und

Junge und

Geheimschrift

1	2	3	4	5	6	7	8	9	10
N	e	s	B	u	h	n	k	d	l

11	12	13	14	15
a	c	t	b	.

Was steht hier? Schreibe in Schreibschrift

1|5|7   8|2|7|7|3|13   9|5

11|10|10|2   4|5|12|6|3|13|11|14|2|7|15

Simsalabim: Was groß ist, wird klein!

das Ohr	das Öhrchen
der Vogel	das
das Korn	das
der Korb	das

das Haus	das Häuschen
die Maus	das
der Baum	das
der Zaun	das

Sortiere: ~~das Buch~~ • das Dach • die Fächer • die Tücher
das Fach • das Tuch • die Bücher • die Dächer

Einzahl	Mehrzahl
das Buch	die

Das bin ich!

Mein Name: ______________________

Mein Geburtstag: ______________________

Mein Spitzname: ______________________

Haarfarbe: ______________

Augenfarbe: ______________

Größe: ________ cm

Mein Lieblingsfach: ______________________

Das kann ich gut: ______________________

____

Das mag ich nicht: ______________________

____

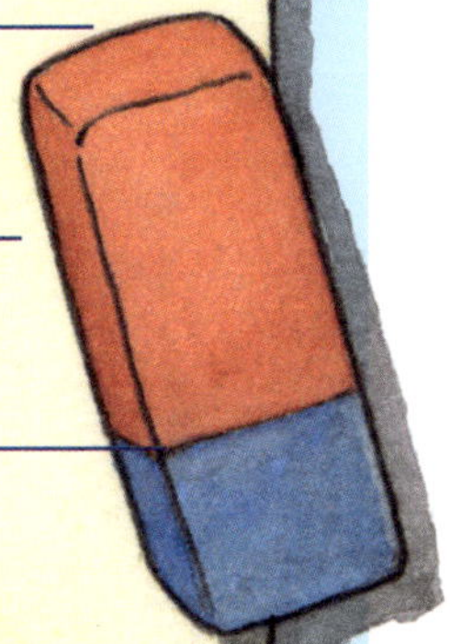

Meine Hobbies sind: ______________________

____

Das wünsche ich mir: ______________________

____

Meine Unterschrift: ______________________

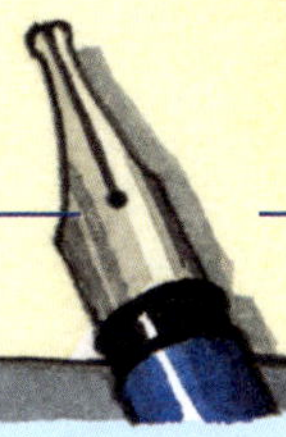

Schreibe die Verse sauber ab.
Male dann einen schönen Rahmen.

Der Dachs mag seine Streifen sehr,
am liebsten hätte er noch …

Die Fledermaus scheut Sonnenlicht,
drum sieht man sie bei Tag auch …

Edith Schreiber-Wicke

Mein Wörter-block

der Baum
das Kind

am / an
im / in
um
da
dann
du
und
man
nun

1

der Arm
das Bein
der Name
die Blume
der Bruder
der Kalender
das Telefon
der Boden

ein / eine
der / die
den / dem

2

bauen
baden
malen
leben
haben
kaufen
helfen
hören
lernen
rufen
laufen

3

er
nur
oder
mir
bei
alle
braun
blau
drei
fünf
elf
fein

4

der Ast
die Blüte
der Bauch
das Buch
der Busch
die Tasche
die Nase
das Brot
das Auto
die Nacht
die Ampel
der April
der Apfel

5

die Raupe
der Kopf
der Käfer
die Maus
die Tante
die Kälte

er hat
machen
reden
ist / sind
lesen

6

schlafen
turnen
essen
spielen
trinken

ich / mich
dich / sich
uns / seine
doch
mit
durch
heute

7

hart
das
nicht
sechs
acht
neun
hundert
bis
unter
neu
rot
bunt
leise
schön

8

der Saft
die Seife
die Schule
die Schere
die Minute
die Sekunde
die Ente
das Ende
die Eltern
die Eule
der Euro
das Licht
die Leute
die Zeit

9

der März
das Salz
der Satz
der Platz
die Katze

pflanzen

heiß
aber
zu / zur / zum
zehn

10

die Frau
das Haus
die Hose
die Hexe
das Wort
der Winter
die Woche
waschen
wünschen
kommen
werden / wird
er war

11

wir
zwei
zwölf
vier
schwarz
was
wo
welche

12

das Auge
der September
das Baby
das Gras
der Regen
der Igel
der Juni
der Juli
der Oktober
der Frühling
der Sommer
der Herbst
Ostern

13

fragen
sagen
bringen
singen
quaken
tragen

ganz
gut
grün
gelb
gegen
krank
gesund

14